VAŘENÍ S ČERSTVÝMI BYLINKAMI

100 CHUTNÝCH DENNÍCH RECEPTŮ

Iveta Rácová

OBSAH

ÚVOD

Neexistuje žádné obecné pravidlo, jaké množství bylinek používat. Většina receptů uvádí množství v seznamu ingrediencí. Pokud nemáte recept, který byste měli následovat, začněte s $\frac{1}{4}$ čajové lžičky a podle potřeby přidejte další, abyste dosáhli ideální chuti. Nechcete, aby bylinky přebily ostatní chutě v pokrmu.

Sušené bylinky jsou silnější než čerstvé bylinky, takže budete muset použít více čerstvých bylinek. Pokud recept vyžaduje 1 lžičku sušených, drcených bylinek nebo $\frac{1}{4}$ lžičky práškových bylinek, použijte 3 lžičky (1 polévkovou lžíci) čerstvých. Následující směsi sušených bylinek jsou skvělé k vyzkoušení s jakýmkoli pokrmem. Nezapomeňte upravit množství při použití čerstvých bylinek.

Běžné bylinky

A. **Bazalka** – Rajčatové výrobky (džus, omáčky na těstoviny, omáčka na pizzu), vejce, zvěřina, jehněčí maso, telecí maso, rýže, špagety, vinaigrette, polévky (minestrone, hrachová, bramborová a zeleninová), fazole, lilek

B. **Tymián** – vejce, zvěřina, jehněčí, telecí, rýže, drůbež, barbecue omáčka, ryby, ústřice, polévky, polévky (cibulové, rajčatové a zeleninové), houby, rajčata

C. **Rozmarýn** – knedlíky, vejce, zvěřina, jehněčí, telecí, drůbež, ryby, barbecue omáčka, kuřecí maso, hovězí maso, polévky (hrachové a zeleninové), fazole, houby, brambory, květák, tuřín

D. **Oregano** – rajčatová jídla, hovězí maso, zvěřina, telecí maso, špagety, škeble, polévky (fazole, minestrone a rajčata), fazole, lilek a houby

E. **Kopr** – rajčatová jídla, droždí, vejce, zelný salát, bramborový salát, ryby, fazole, růžičková kapusta, květák, okurka, letní dýně

F. **Petržel** – saláty, zelenina, těstoviny

G. **Šalvěj** – tvaroh, zvěřina, vepřové maso, rýže, drůbež, polévky (kuřecí, minestrone a zeleninové), nádivka

H. **Cilantro** – mexická a asijská kuchyně, rýže, salsa, rajčata

I. **Máta** – dezerty, jehněčí maso, hrášek, ovocné saláty, omáčky

BYLINKOVÉ SMĚSI

1. Směs bez soli

dělá asi ⅓ šálku

Ingredience

- 1 lžíce hořčičného prášku
- 2 lžičky petrželky
- 2 lžičky cibulového prášku
- 2 lžičky tymiánu
- 1 lžíce česnekového prášku
- 2 lžičky koprové trávy
- 2 lžičky slané
- 2 lžičky papriky
- 2 lžičky citronové kůry

Pokyny

a) Smíchejte a uložte do vzduchotěsné nádoby.

b) Až budete připraveni k použití, smíchejte malé množství s vodou, abyste vytvořili pastu.

2. Italské koření

dělá asi 1½ šálku

Ingredience

- ½ šálku sušeného oregana
- ½ šálku sušené bazalky
- ½ šálku sušeného rozmarýnu
- ¼ šálku sušené petrželky
- ½ šálku sušeného tymiánu
- 1 lžíce fenyklových semínek, drcených
- ¼ šálku sušené majoránky
- 2 lžíce sušené šalvěje
- ¼ šálku sušeného oregana
- 1 lžíce vloček horké červené papriky
- ¼ šálku sušeného pikantního

Pokyny

a) Smíchejte a uložte do vzduchotěsné nádoby.

b) Až budete připraveni k použití, smíchejte malé množství s vodou, abyste vytvořili pastu.

3. Zahradní směs

dělá asi 1¼ šálku

Ingredience

- 2 lžíce sušených lístků levandule

- 2 lžíce sušených fenyklových semen nebo stonků

- 3 lžíce sušené petrželky

- 3 lžíce sušené bazalky

- 3 lžíce sušeného tymiánu

- 3 lžíce sušené majoránky

- 3 lžíce sušeného rozmarýnu

- 3 lžíce sušené pažitky

- 3 lžíce papriky

- ½ lžičky česnekového prášku

Pokyny

a) Smíchejte a uložte do vzduchotěsné nádoby.

b) Až budete připraveni k použití, smíchejte malé množství s vodou, abyste vytvořili pastu.

4. Drůbeží bylinky

dělá asi ⅓ šálku

Ingredience

- 2 lžíce sušeného estragonu

- 1 lžíce sušené majoránky

- 1 lžíce sušené bazalky

- 1 lžíce sušeného rozmarýnu

- 1 lžička papriky

- 1 lžička sušeného libečku

Pokyny

a) Smíchejte a uložte do vzduchotěsné nádoby.

b) Až budete připraveni k použití, smíchejte malé množství s vodou, abyste vytvořili pastu.

5. Rybí bylinky

dělá asi ½ šálku

Ingredience

- 3 lžíce sušeného kopru

- 2 lžíce sušené bazalky

- 1 lžíce sušeného estragonu

- 1 lžíce sušeného tymiánu

- 1 lžíce sušené petrželky

- 1 lžíce sušeného kerblíku

- 1 lžíce sušené pažitky

Pokyny

a) Smíchejte a uložte do vzduchotěsné nádoby.

b) Až budete připraveni k použití, smíchejte malé množství s vodou, abyste vytvořili pastu.

6. Pikantní kuřecí rub

Ingredience

- 2 lžičky chilli prášku

- 1 lžička mletého oregana

- 1 lžička listů koriandru, sušených a rozdrcených

- 1 / 2 až 1 lžička kajenského pepře

- 1 lžička česnekového prášku

- 1 / 2 lžičky čerstvě mletého černého pepře

- 1 / 2 lžičky mletého zázvoru

- 1 / 2 lžičky mletého kmínu

Pokyny

c) Smíchejte a uložte do vzduchotěsné nádoby.

d) Až budete připraveni k použití, smíchejte malé množství s vodou, abyste vytvořili pastu.

7. Směs koření na dýňový koláč

Ingredience

- 1 /3 šálku skořice

- 1 lžíce mletého zázvoru

- 1 lžíce muškátového oříšku nebo muškátového oříšku

- 1 1 /2 lžičky mletého hřebíčku

- 1 1 /2 lžičky nového koření

Pokyny

a) Smíchejte a uložte do vzduchotěsné nádoby.

b) Přidejte 1 až 11/ 2 lžičky této směsi do náplně dýňového koláče.

8. Snídaňový šejkr na koření

Ingredience

- 1 hrnek cukru

- 3 lžíce skořice

- 1 lžička muškátového oříšku nebo muškátového oříšku

- 1 lžička kardamomu

Pokyny

a) Smíchejte a uložte do vzduchotěsné nádoby.

b) Posypeme na palačinky, toasty nebo ovesné vločky.

9. Prášek kari

Ingredience

- 4 lžíce mletého koriandru

- 3 lžíce mleté kurkumy

- 2 lžíce mletého kmínu

- 1 lžíce čerstvě mletého černého pepře

- 1 lžíce mletého zázvoru

- 1 lžička mletých fenyklových semínek

- 1 lžička chilli prášku

- 1 /2 lžičky kajenského pepře

Pokyny

a) Smíchejte a uložte do vzduchotěsné nádoby.

b) Přidejte do kuřecího nebo vaječného salátu nebo rýže nebo použijte k přípravě masového nebo zeleninového kari.

10.   Směs Fajita

Ingredience

- 4 lžíce chilli prášku

- 2 lžíce mletého kmínu

- 2 lžičky mletého oregana

- 2 lžičky česnekové soli

Pokyny

a) Smíchejte a uložte do vzduchotěsné nádoby.

b) Posypte fajita maso nebo vmíchejte do sekané nebo hamburgerů pro pikantní nádech.

11.   Koření z mořských plodů

Ingredience

- 2 lžíce nového koření

- 2 lžíce celerové soli

- 2 lžíce mleté hořčice

- 1 lžíce mletého zázvoru

- 1 lžička papriky

- 3 /4 lžičky kajenského pepře

Pokyny

a) Smíchejte a uložte do vzduchotěsné nádoby.

b) Přidejte do salátů z mořských plodů a polévek nebo posypte rybí filé.

12.   Kuřecí Kytice

Ingredience

- 1 bobkový list

- 1 lžíce estragonu

- 1 lžíce petrželky

- 1 lžička rozmarýnu

- 1 lžička tymiánu

Pokyny

a) Smíchejte a uložte do vzduchotěsné nádoby.

13.   Hovězí Kytice

Ingredience

- 1 lžička zrnek černého pepře

- 2 celé hřebíčky

- 1 zlomený bobkový list

- 2 lžičky tymiánu

- 2 lžičky majoránky

- 2 lžičky slané

- 1 lžíce petrželky

- 1 /2 lžičky drcených listů libečku

Pokyny

a) Smíchejte a uložte do vzduchotěsné nádoby.

14.   Rybí Kytice

Ingredience

- 1 bobkový list

- 2 zrnka černého pepře

- 1 lžička tymiánu

- 1 lžička plevele fenyklu

- 1 lžička drcených listů libečku

- 1 lžíce petrželky

Pokyny

a) Smíchejte a uložte do vzduchotěsné nádoby.

BYLINKOVÉ ŠŤÁVY A SMOOTHIE

15.   Jahodové a makadamové smoothie

Vyrobí 4 porce

Ingredience

- 1/2 vanilkového lusku

- 50g (13/4oz) syrových makadamových ořechů

- dužina z 1 mladého středně velkého kokosu

- 250 g (9 oz) čerstvých jahod

- trochu kokosové šťávy (volitelně)

Pokyny

a) Vanilkový lusk roztrhněte ostrým nožem a poté vyškrábněte semínka.

b) Vložte ořechy a kokosovou dužinu do mixéru nebo kuchyňského robotu.

c) Přidejte jahody a vanilková semínka. Pulsujte všechny ingredience, abyste získali hladkou, hedvábnou texturu. Pokud se vám smoothie zdá velmi husté, přidejte dostatek kokosové šťávy, aby mělo lepší texturu. Nalijte do 4 sklenic a podávejte.

16.   Smoothie z goji a piniových oříšků

Dělá 2 porce

Ingredience

- 50 g (13/4oz) mandlí

- 50 g (13/4 oz) bobule goji

- 20g (3/4oz) piniových oříšků

- 1 lžička lněného oleje

- 2–3 lístky čerstvé máty 350–400 ml (12–14 fl oz.) minerální vody

Pokyny

a) Vložte všechny přísady do mixéru nebo kuchyňského robotu a smíchejte s minerální vodou, abyste získali hladkou hedvábnou texturu.

b) Pokud je konzistence příliš hustá, přidejte trochu vody a promíchejte.

17. Posilovací smoothie z černého rybízu

Dělá 2 porce

Ingredience

- 50 g (13/4 oz) čerstvého černého rybízu (nebo použitého sušeného a nejprve namočeného)

- 50g (13/4oz) praženého ječmene

- 4 lžičky agávového sirupu

- 4 lžičky kokosového oleje

- 250 ml (9 fl oz.) rýžového mléka

- Trochu minerální vody

Pokyny

a) Všechny ingredience kromě minerální vody dejte do mixéru nebo kuchyňského robotu a rozmixujte dohladka.

b) Přidejte dostatek minerální vody, aby bylo smoothie tekuté.

18.   Smoothie z višní a raw kakaa

Dělá 2 porce

Ingredience

- 50 g (13/4 oz) višní, vypeckovaných, pokud jsou čerstvé, nebo sušených

- 300 ml (10 fl oz.) rýžového nebo mandlového mléka 4 lžičky syrového nebo běžného kakaového prášku 4 lžičky konopných semínek vyloupaných 4 lžičky lněného oleje

Pokyny

a) Pokud používáte sušené višně, namočte je na několik hodin do 150 ml (5 fl oz.) minerální vody.

b) Smíchejte polovinu rýžového nebo mandlového mléka se zbytkem ingrediencí v mixéru nebo kuchyňském robotu a rozmixujte na hladkou, hedvábnou, tekutou konzistenci. Postupně přidávejte zbytek mléka, dokud nebude textura smoothie podle vašich představ.

19.   Smoothie z mandlí a růží

Dělá 2 porce

Ingredience

- 50 g (13/4oz) mandlí

- 300–400 ml (10–14 fl oz.) minerální vody 21/2 polévkové lžíce růžového sirupu

- 4 lžičky mandlového oleje

- 1 kapka esenciálního oleje růže attar (volitelně)

- 8 okvětních lístků damašské růže (volitelně)

Pokyny

a) Smíchejte polovinu minerální vody se zbytkem ingrediencí v mixéru nebo kuchyňském robotu a rozmixujte na hladkou, hedvábnou, tekutou konzistenci.

b) Postupně přidávejte zbytek vody, dokud nebude textura smoothie podle vašich představ.

20.   Smoothie z pistácií a avokáda

Dělá 2 porce

Ingredience

- 50 g (13/4oz) pistácií (plus pár na ozdobu)

- 1 malé avokádo, vypeckované, oloupané a nakrájené na čtvrtky

- 1 lžička konopného oleje

- 2 lžičky lněného oleje

- šťáva z 1/2 citronu

- čerstvá šťáva ze 6 stonků celeru

- čerstvě mletý černý pepř podle chuti špetka soli

- 3–4 lístky čerstvé bazalky

- trochu minerální vody

Pokyny

a) Všechny ingredience kromě minerální vody vložte do mixéru nebo kuchyňského robotu a rozmixujte do hladka. Přidejte dostatek minerální vody, aby bylo smoothie tekuté.

b) Podáváme ve sklenicích, každou posypeme jemně nasekanými pistáciemi.

21.   Maca a mango smoothie

Dělá 2 porce

Ingredience

- 2 velká zralá manga
- 2 lžičky prášku z kořene maca
- 2 lžičky konopných semínek, vyloupaných
- 2 lžičky kokosového oleje
- šťáva z 1 citronu
- 4 lístky čerstvé máty peprné
- trochu minerální vody (volitelně)

Pokyny

a) Vložte všechny ingredience do mixéru nebo kuchyňského robotu a rozmixujte na hladkou, hedvábnou texturu.

b) Podle potřeby zřeďte minerální vodou.

22.   Smoothie ze švestek a fenyklu

Dělá 2 porce

Ingredience

- 9–10 velkých tmavě modrých švestek

- 1/2 lžičky semínek fenyklu

- 2 polévkové lžíce semínek čočky, namočené

- 2 polévkové lžíce vyloupaných konopných semínek, namočených

Pokyny

a) Švestky nejprve poduste: vložte je do hrnce s 250 ml (9 fl oz.) minerální vody, přidejte semínka fenyklu a přiveďte k varu. Přiklopte pokličkou a na mírném ohni vařte 10–12 minut. Nechte vychladnout.

b) Přendejte do mixéru nebo kuchyňského robotu, přidejte zbývající semena (nebo oleje, pokud používáte) a rozmixujte do hladké konzistence.

23.   Power berry smoothie

Dělá 2 porce

Ingredience

- 2 lžíce čerstvých malin

- 2 polévkové lžíce čerstvých ostružin

- 2 lžíce čerstvých borůvek

- 2 polévkové lžíce čerstvého černého rybízu

- 2 lžičky prášku z acai berry

- 800 ml nálev z citronové trávy, studený

- trochu minerální vody (volitelně)

- špetka javorového sirupu nebo špetka prášku stévie (volitelně)

Pokyny

a) Vložte čerstvé bobule a prášek z acai berry do mixéru nebo kuchyňského robotu, přidejte nálev z citronové trávy a rozmixujte na hladkou, hedvábnou texturu.

b) V případě potřeby přidejte trochu minerální vody, abyste dosáhli požadované konzistence.

24. Potěšení raného podzimu

Dělá 2 porce

Ingredience

- 31/2 jablek, oloupaných, zbavených jádřinců a nakrájených

- 1/3 hrušky oloupané, zbavené jádřinců a nakrájené

- 12 zralých bezinek, opláchnutých, bez stopek

- 20 zralých ostružin, opláchnutých

Pokyny

a) Všechny ingredience dejte do mixéru nebo kuchyňského robotu a rozmixujte do hladka.

b) Rozdělte do dvou sklenic a zalijte bezinkovým a bezinkovým sirupem pro zvýšení antivirového obsahu smoothie.

25.   Zahradní zeleninová šťáva

Dělá 2 porce

Ingredience

- 2 hrsti listů kapusty

- 2 listy švýcarského mangoldu

- 1 velká hrst listů špenátu

- 1/2 okurky

- 1 malá zelená cuketa

- 3 stonky celeru

- 2 listy pampelišky (velké)

- 2 stonky čerstvé majoránky

- špetka citronové šťávy (volitelně)

Pokyny

a) Všechnu zeleninu a bylinky omyjeme, odšťavníme a důkladně promícháme. Podle chuti přidejte citronovou šťávu nebo

b) pokud dáváte přednost silnější citronové chuti, přidejte osminu citronu (vhodnější je bio) a dobře promíchejte, dokud se nerozmixuje.

26.   Šťáva z červené papriky a naklíčených semen

Dělá 2 porce

Ingredience

- 1 červená paprika, zbavená semínek a nakrájená na čtvrtky

- 20 g (3/4 oz) naklíčených semen vojtěšky

- 20 g (3/4 oz) naklíčených semen červeného jetele

- 10 g (1/4 oz) naklíčených semínek brokolice

- 1/2 okurky

- 2–3 lístky čerstvé máty

- 1/2 malé čerstvé červené chilli papričky zbavené semínek

Pokyny

a) Všechny ingredience odšťavněte a důkladně promíchejte.

27.   Šťáva ze zázvoru a fenyklu

Dělá 2 porce

Ingredience

- 1 velká cibule fenyklu

- 1 cm (1⁄2 palce) kostka čerstvého kořene zázvoru, oloupaného

- 2 stonky celeru

- 1⁄2 malé okurky

- 1⁄2 malé zelené cukety

- 1 stonek čerstvé bazalky

Pokyny

a) Všechny ingredience odšťavněte, dobře promíchejte a ihned vypijte.

28.   **Šťáva z fenyklových a brokolicových klíčků**

Dělá 2 porce

Ingredience

- 1 velká cibule fenyklu

- 45 g (11/2oz) naklíčených semínek brokolice

- 45 g (11/2oz) naklíčených semen vojtěšky

- 1 velká mrkev

- 2 stonky celeru

- 2–3 lístky čerstvé máty špetka citronové šťávy

Pokyny

a) Všechny ingredience odšťavněte, přidejte citronovou šťávu
podle chuti a dobře promíchejte.

29.   Pohanková zelí a šťáva z hrachových výhonků

Dělá 2 porce

Ingredience

- 2 polévkové lžíce mladé pohankové zeleniny, jemně nasekané

- 4 polévkové lžíce výhonků čerstvého hrášku

- 2 cukety

- 1 okurka

- 2 lžíce čerstvých listů majoránky

- špetka citronové šťávy

- 200 ml (7 fl oz.) minerální vody

Pokyny

a) Všechny ingredience odšťavněte, přidejte minerální vodu a citronovou šťávu podle chuti a dobře promíchejte.

30.   Rajčatová salsa šťáva

Dělá 2 porce

Ingredience

- 5 zralých rajčat
- 1/2 okurky
- 1 malý stroužek česneku
- 1/2 čerstvé červené chilli papričky zbavené semínek
- 1 stonek čerstvých lístků bazalky
- 2 stonky celeru
- 1 lžička panenského olivového oleje
- sůl dva klíče
- 1 červená paprika, zbavená semínek

Pokyny

a) Odšťavněte všechnu zeleninu a bylinky, přidejte olivový olej, podle chuti dochuťte trochou soli, pokud chcete, a dobře promíchejte.

b) Pokud dáváte přednost červené šťávě, přidejte k zelenině a bylinkám při odšťavňování 1 červenou papriku zbavenou semínek.

31. Šťáva z listů artyčoku a fenyklu

Dělá 2 porce

Ingredience

- 1 lžička artyčokových listů, jemně nasekaných

- 1 střední cibule fenyklu

- 4 čerstvé listy pampelišky

- 4 stonky celeru

- 1/2 cukety

Pokyny

a) Všechny ingredience odšťavněte, důkladně promíchejte a vypijte.

b) Pokud se vám zdá šťáva příliš hořká, zřeďte ji trochou minerální vody, dokud nebude chutnat.

32. **Slunečnicová zelenina a šťáva z pšeničné trávy**

Dělá 2 porce

Ingredience

- 100 g (31/2oz) slunečnicové zeleniny

- 100g (31/2oz) čepele z pšeničné trávy

- 300 ml (10 fl oz.) nebo více minerální vody

Pokyny

a) Odšťavněte slunečnicovou zeleninu a pšeničnou trávu, dobře promíchejte a přidejte dostatek minerální vody, aby se chuť šťávy zředila a získala chutnou chuť.

BYLINKOVÉ ČAJE

33.   Čaj z meduňky a růže

Vyrobí 2–3 porce

Ingredience

- 16 lístků čerstvé meduňky (lze použít i jemně kvetoucí nať) nebo 1 polévková lžíce sušené meduňky

- 2 hlavičky růží s odstraněnými okvětními lístky nebo 2 polévkové lžíce sušených okvětních lístků růží

Pokyny

a) Vložte čerstvé lístky meduňky a okvětní lístky růží do velké konvice. Pokud používáte sušenou meduňku a okvětní lístky růží, vložte je místo toho do konvice.

b) Převařte 500 ml (16 fl oz.) vody, nechte 5 minut vychladnout a poté nalijte do konvice. Nechte 5 minut louhovat a poté podávejte. V případě potřeby lze později přidat více vody, aby se listy a okvětní lístky růží znovu vylouhovaly.

34.   Čaj z jasmínu a citronové trávy

Dělá 2 porce

Ingredience

- 1 stonek citronové trávy, nakrájený

- 1 polévková lžíce jasmínových květů

- špetka limetkové šťávy

Pokyny

a) Nakrájenou citronovou trávu dejte do konvice a přidejte květy jasmínu.

b) Zřeďte 200 ml (7 fl oz.) převařené vody se 100 ml (3/2 fl oz.) studené vody tak, aby teplota horké vody byla přibližně 70 °C (158 °F).

c) Nalijte vodu do konvice, nechte rozvinout vůni a podávejte. V horkém počasí lze tento čaj podávat vychlazený.

35.   Čaj z goji a damiany

Dělá 2 porce

Ingredience

- 1 polévková lžíce plodů goji, čerstvé nebo sušené

- 1 lžička damiany (Turnera diffusa)

- 1/2 lžičky prášku z kořene lékořice

Pokyny

a) Vložte všechny ingredience do konvice, zalijte 300 ml vroucí vody, nechte 10–15 minut odstát a poté podávejte. Nálev lze také nechat vychladnout a podávat jako studený nápoj.

36. Šípkový a borůvkový čaj

Dělá 2 porce

Ingredience

- 1 polévková lžíce skořápek šípků, čerstvých nebo sušených

- 1 polévková lžíce borůvek, čerstvých nebo sušených

- 1 lžička pomerančové kůry

- 1 lžička bobule goji, čerstvé nebo sušené

Pokyny

a) Vložte všechny ingredience do konvice a zalijte 300 ml (10 fl oz.) vroucí vody.

b) Necháme 10–15 minut louhovat, přecedíme a podáváme.

37. Čaj z chryzantémy a černého bezu

Dělá 2 porce

Ingredience

- 1/2 polévkové lžíce květů chryzantémy

- 1/2 polévkové lžíce květů černého bezu

- 1/2 polévkové lžíce máty peprné

- 1/2 polévkové lžíce listů kopřivy

Pokyny

a) Vložte všechny ingredience do konvice, zalijte 300 ml vroucí vody, nechte vyluhovat a podávejte.

b) V období senné rýmy pijte 3–4 šálky denně.

38.   Heřmánkový a fenyklový čaj

Dělá 3 porce

Ingredience

- 1 lžička květů heřmánku

- 1 lžička semínek fenyklu

- 1 lžička lučního

- 1 lžička kořene proskurníku, jemně nakrájeného

- 1 lžička řebříčku

Pokyny

a) Bylinky dejte do velké konvice.

b) Převařte 500 ml (16 fl oz.) vroucí vody a přidejte do konvice. Nechte 5 minut louhovat a podávejte.

c) Pijte 1 hrnek nálevu 2–3krát denně.

39. Čaj z pampelišky a lopuchu

Vyrobí 3–4 porce

Ingredience

- 1 lžička pampeliškových listů

- 1 lžička lopuchových listů

- 1 čajová lžička sekáče byliny

- 1 lžička květů červeného jetele

Pokyny

a) Všechny ingredience vložte do konvice, zalijte 500 ml vroucí vody, nechte 10–15 minut vyluhovat a podávejte. Pijte teplé nebo studené po celý den.

40. Čaj z řebříčku a měsíčku

Vyrobí 3–4 porce

Ingredience

- 1 lžička řebříčku

- 1 lžička květů měsíčku

- 1 lžička dámské kontryhele

- 1 lžička vervany

- 1 lžička malinového listu

Pokyny

a) Všechny ingredience vložte do konvice, zalijte 500 ml vroucí vody, nechte 10–15 minut vyluhovat a podávejte. Pijte teplé nebo studené po celý den.

b) Vezměte 2–4 šálky s nástupem bolesti a znovu zhodnoťte se svým lékařem, zda bolest přetrvává.

41.   Čaj z čepice a pomerančových květů

Vyrobí 3–4 porce

Ingredience

- 1 lžička čepice

- 1 lžička pomerančových květů

- 1 lžička St. Třezalka tečkovaná

- 1 lžička dřevěného betonu

- 1 lžička meduňky

Pokyny

a) Všechny ingredience vložte do konvice, zalijte 500 ml vroucí vody, nechte 10–15 minut vyluhovat a podávejte.

b) Pijte teplé nebo studené po celý den.

42.   Čaj z ostružin a lesních jahod

Vyrobí 3–4 porce

Ingredience

- 2 lžičky ostružinových listů

- 1 lžička listů lesních jahod

- 1 lžička malinových listů

- 1 lžička listů černého rybízu

Pokyny

a) Všechny ingredience vložte do konvice, zalijte 500 ml vroucí vody, nechte 10–15 minut vyluhovat a podávejte.

b) Pijte teplé nebo studené po celý den.

43.   Nálev z máty peprné a měsíčku

Vyrobí 4 porce

Ingredience

- 1 lžička lístků máty peprné

- 1 lžička květů měsíčku

- 1 lžička mateřídoušky

- 1 lžička vervany

- sirup z růžových lístků na oslazení

Pokyny

a) Všechny bylinky dejte do velké konvice.

b) Převařte 600 ml (1 pinta) vroucí vody a zalijte bylinkami. Nechte 20 minut louhovat, poté tekutinu sceďte přes čajové sítko do čisté konvičky. Pijte 1 hrnek nálevu 2–3krát denně horký nebo při pokojové teplotě.

44.   Čaj z květu hlohu a levandule

Vyrobí 3–4 porce

Ingredience

- 1 lžička květů hlohu

- 1 lžička levandule

- 1 lžička růžových poupat

- 1 lžička pomerančových květů

- 1 lžička jasmínu

Pokyny

a) Všechny ingredience vložte do konvice, zalijte 500 ml vroucí vody, nechte 10–15 minut vyluhovat a podávejte.

b) Pijte teplé nebo studené po celý den.

45. Čaj z kopřivy a sekáčku

Dělá 2 porce

Ingredience

● 2 lžičky listů kopřivy

● 2 lžičky sekáčku

Pokyny

a) Ingredience vložte do konvice, zalijte 300 ml vroucí vody, nechte 10–15 minut vyluhovat a podávejte.

b) Pijte teplé nebo studené po celý den.

46.   Čaj z divizna a marshmallow

Dělá 2 porce

Ingredience

- 1 lžička listů mulleinu

- 1 lžička listů marshmallow

- 1 lžička jitrocele jitrocelového

Pokyny

a) Všechny ingredience vložte do konvice, zalijte 300 ml vroucí vody, nechte 10–15 minut vyluhovat a podávejte.

b) Pijte teplé nebo studené po celý den.

47. Čaj z přesličky a kukuřičného hedvábí

Vyrobí 5–6 porcí

Ingredience

- 2 lžičky přesličky

- 2 lžičky kukuřičného hedvábí

- 2 lžičky pampeliškových listů

- 2 lžičky sekáčku

- 2 čajové lžičky listů jitrocele

Pokyny

a) Všechny ingredience dejte do konvice, zalijte 600 ml (1 pinta) vroucí vody, nechte 10–15 minut vyluhovat a podávejte.

b) Pijte teplé nebo studené po celý den.

48. Ovocný bylinkový ledový čaj

Výtěžek: 1 porce

Přísada

- 1 sáček čaje Tazo Passion

- 1 litr vody

- 2 šálky čerstvé pomerančové šťávy

- Oranžové kolo

- Listy máty

Pokyny:

a) Čajový sáček vložte do 1 litru vroucí vody a nechte 5 minut louhovat.

b) Odstraňte čajový sáček. Nalijte čaj do džbánu o objemu 1 galon naplněného ledem. Jakmile led roztaje, naplňte zbývající prostor ve džbánu vodou.

c) Naplňte koktejlový šejkr jednou polovinou uvařeného čaje a jednou polovinou pomerančové šťávy. Dobře protřepejte a sceďte do sklenice naplněné ledem. Ozdobte kolečkem pomeranče a lístky máty.

Výtěžek: 1 porce

Přísada

- Sáček sušených lipových květů

- Vařící voda

Pokyny:

a) Jednoduše vložte sušené květiny, jednu malou hrst do průměrné konvičky, do hrnce. Zalijte vroucí vodou a dobře promíchejte. Sloužit.

b) Nenechávejte louhovat déle než čtyři minuty, chuť se ztratí.

49. Malinový bylinkový čaj

Výtěžek: 8 porcí

Přísada

- 2 sáčky malinového čaje rodinné velikosti

- 2 sáčky ostružinového čaje

- 2 čajové sáčky z černého rybízu

- 1 láhev šumivého jablečného moštu

- $\frac{1}{2}$ šálku koncentrátu šťávy

- $\frac{1}{2}$ šálku pomerančové šťávy

- $\frac{1}{2}$ šálku cukru

Pokyny:

a) Všechny ingredience dejte do velkého džbánu. Chlad. Ty naše podáváme s ovocnými kostkami ledu.

b) Nechte si dostatek šťávy na naplnění formičky na led a do každé kostky vložíme plátky jahod a borůvek.

50.   Kardamomový čaj

Výtěžek: 1 porce

Přísada

- 15 vody ze semínek kardamomu

- ½ šálku mléka

- 2 kapky vanilky (dvě 3 kapky)

- Miláček

Pokyny:

a) Při poruchách trávení smíchejte 15 rozdrcených semen v ½ šálku horké vody. Přidejte 1 unci čerstvého kořene zázvoru a tyčinku skořice.

b) Vařte 15 minut na mírném ohni. Přidejte ½ šálku mléka a vařte dalších 10 minut. Přidejte 2 až 3 kapky vanilky. Osladíme medem. Pijte 1 až 2 šálky denně.

51.   Čaj Sassafras

PODÁVÁNO: 10

Ingredience

- 4 kořeny sassafras
- 2 litry vody
- cukr nebo med

Pokyny:

a) Omyjte kořeny a odřízněte stromky tam, kde jsou zelené a kde kořen končí.

b) Přiveďte vodu k varu a přidejte kořeny.

c) Vařte, dokud není voda sytě hnědočervená (čím tmavší, tím silnější - já mám rád svou silnou).

d) Přeceďte do džbánu přes drátěný a kávový filtr, pokud nechcete žádné usazeniny.

e) Podle chuti přidejte med nebo cukr.

f) Podávejte teplé nebo studené s citronem a snítkou máty.

52.　　Moringa čaj

Porce: 2

Složka p

- 800 ml vody
- 5-6 lístků máty - trn
- 1 lžička semínek kmínu
- 2 lžičky prášku Moringa
- 1 lžíce limetkové/citrónové šťávy
- 1 lžička organického medu jako sladidla

Pokyny:

a) Přiveďte 4 šálky vody k varu.

b) Přidejte 5-6 lístků máty a 1 lžičku semínek kmínu / jeera.

c) Necháme vařit, dokud se množství vody nesníží na polovinu.

d) Když se voda zredukuje na polovinu, přidejte 2 lžičky prášku Moringa.

e) Regulujte teplotu na vysokou, když se pění a stoupá, vypněte teplo.

f) Přikryjeme pokličkou a necháme 4-5 minut odležet.

g) Po 5 minutách čaj sceďte do šálku.

h) Podle chuti přidejte bio med a vymačkejte čerstvou limetkovou šťávu.

53. Šalvějový čaj

Ingredience

- 6 čerstvých lístků šalvěje, ponechaných na stonku
- Vařící voda
- Med (nebo agávový sirup pro vegany)
- 1 plátek citronu

Pokyny

a) Přiveďte vodu k varu.

b) Šalvěj důkladně omyjte.

c) Šalvěj dejte do hrnku a zalijte vroucí vodou. Nechte bylinky 5 minut louhovat.

d) Odstraňte šalvěj. Vmíchejte kapku medu a vymačkejte citron.

KORDIÁLY A SIRUPY

54.   Ostružinový a limetkový srdečný

Vyrobí 500 ml (16 fl oz.)

Ingredience

- 1kg (21/4lb) čerstvé ostružinové šťávy ze 4 limetek

- 350 g (12 uncí) moučkového cukru

Pokyny

a) Na mírném ohni poduste v hrnci ostružiny a limetkovou šťávu v 600 ml (1 pinta) vody asi 15 minut.

b) Nechte asi 10 minut vychladnout, poté směs protlačte přes sítko a vyhoďte dužinu a pecky. Přecezenou šťávu nalijte do čisté pánve a přidejte cukr. Míchejte na mírném ohni, dokud se cukr nerozpustí, a poté vařte asi 5 minut, dokud směs nezíská sirupovitou.

c) Nalijte do sterilizovaných lahví, uzavřete, ochlaďte a spotřebujte do několika dnů. Zřeďte podle chuti perlivou nebo neperlivou minerální vodou a plátky čerstvé máty nebo limetky a vytvořte osvěžující nápoj.

55.   Bezový a bezový květ srdečný

Vyrobí 500 ml (16 fl oz.)

Ingredience

- 50g (13/4oz) čerstvých nebo sušených bezových květů

- 100 g (31/2oz) bezinek

- 1 malá tyčinka skořice

- 1 lžička anýzu

- 1 polévková lžíce čerstvého kořene zázvoru, nastrouhaného

- 400 g (14 uncí) cukru

- šťáva z 1/2 citronu

Pokyny

a) Všechny ingredience kromě cukru a citronové šťávy dejte do hrnce, přidejte 1 litr (13/4 pinty) vody, přikryjte a vařte na mírném ohni 25–30 minut.

b) Sceďte tekutinu do odměrky. Slijte 600 ml (1 pinta) do hrnce a přidejte cukr. (Jakoukoli tekutinu navíc lze vypít jako čaj.)

c) Jemně mícháme na mírném ohni, aby se cukr rozpustil. Když se všechen cukr rozpustí, přidáme citronovou šťávu a dusíme dalších 10–15 minut pod pokličkou. Poté přiveďte 2–3 minuty k varu a stáhněte z plotny.

d) Ještě horké nalijte do sterilizované skleněné láhve, uzavřete, označte štítkem se seznamem ingrediencí a datem. Uchovávejte v chladu a spotřebujte do 3–4 týdnů.

e) Přidejte lžíci cordialu do šálku studené nebo horké vody nebo pokapejte palačinky nebo snídaňové cereálie.

56.   Sladký fialkový a zázvorový med

Vyrábí 400–500 g (14 oz–1 lb 2 oz)

Ingredience

- 20 g (3/4 oz) čerstvých lístků a květů fialky (nebo použijte violu nebo srdcovku, pokud nejsou k dispozici)

- 30 g (1 oz) čerstvého kořene zázvoru

- 20 g (3/4 oz) čerstvých listů jitrocele

- 30 g (1 oz) čerstvých listů houttuynie

- 500 g (1 lb 2 oz) tekutého medu

Pokyny

a) Opatrně sklízejte čerstvé listy a květy a omyjte je a osušte na vzduchu.

b) Jemně je nakrájejte, vložte do čisté sklenice a zcela zalijte tekutým medem. Důkladně promíchejte, aby byly všechny bylinky dobře zakryté. V případě potřeby přidejte med navíc.

c) Nechte na teplém místě, jako je větrací skříň, po dobu 5 dnů. Poté med přeceďte přes čistou mušelínovou tkaninu a dekantujte do menší sterilizované sklenice.

d) Přecezené bylinky vyhoďte. 4 Sklenici uzavřete, opatřete štítkem se seznamem všech ingrediencí a datem.

57.   Meduňka a medová kaše

Dělá 125 g (41/2 oz)

Ingredience

- 20 g (3/4 oz) čerstvých listů meduňky

- 100 g (31/2oz) tekutého medu

- Šťáva z 1/2 citronu

Pokyny

a) Vložte listy do mixéru nebo kuchyňského robotu, přidejte med a citronovou šťávu a mixujte, dokud nezískáte hladké zelené pyré. 2 Zřeďte vodou a vypijte.

b) Pokud je pyré uchováváno v chladu, vydrží týden nebo dva.

58. Šípkový sirup

Vyrobí 700 ml (11/4 pinty)

Ingredience

- 500 g (1 lb 2 oz) čerstvých šípků

- 400 g (14 uncí) cukru

Pokyny

a) Ovoce rozkrojte napůl a malou lžičkou vydlabejte semínka a chloupky. Očištěné půlky omyjte pod tekoucí vodou, abyste z ovoce dále odstranili chloupky.

b) Ovoce dejte do hrnce, přidejte 600 ml (1 pinta) vody a odkryté vařte na mírném ohni 20–30 minut, dokud ovoce nezměkne a voda se mírně zredukuje.

c) Směs přecedíme a tekutinu přelijeme do čisté pánve. Ovoce vyhoďte. Do přecezené tekutiny přidáme cukr a za stálého míchání necháme na mírném ohni rozpustit.

d) Jakmile se všechen cukr rozpustí, zvyšte teplotu a vařte 2–3 minuty. Sirup přelijte do sterilizované lahve.

59. Divizna a anýzový sirup

Vyrobí 200 ml (7 fl oz.)

Ingredience

- 4 lžičky tinktury z listů divizna

- 4 čajové lžičky tinktury z kořene proskurníku

- 1 polévková lžíce anýzové tinktury

- 1 polévková lžíce tymiánové tinktury

- 4 lžičky jitrocelové tinktury

- 2 lžičky tinktury z kořene lékořice 100 ml (31/2 fl oz.) manukového medu

Pokyny

a) Smíchejte tinktury a med, důkladně promíchejte a nalijte do sterilizované láhve z hnědého skla. Uzavřete, označte štítkem se všemi ingrediencemi a datem.

b) Vydrží 3–4 měsíce.

60. Sirup z okvětních lístků růže

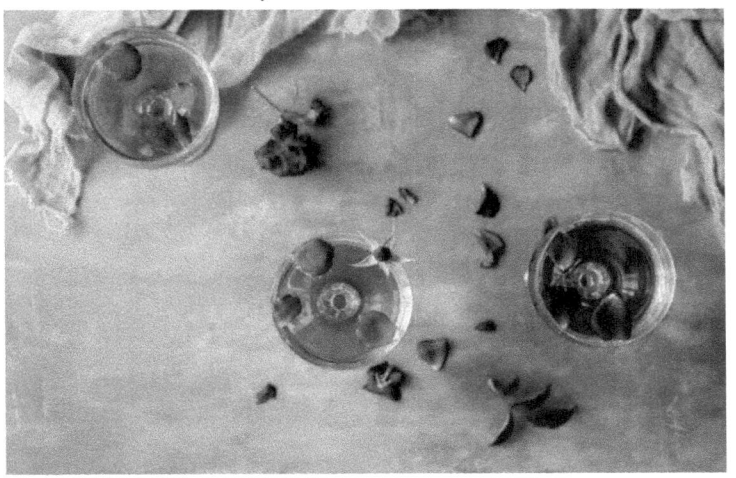

Vyrobí přibližně 500 ml (16 fl oz.)

Ingredience

- 225 g (8 oz) krupicového cukru šťáva z 1 citronu, přecezená šťáva z 1 pomeranče, pasírovaná

- 100g (31/2oz) sušených růžových lístků popř

- 10 hlaviček čerstvých růží

Pokyny

a) V malém hrnci na mírném ohni rozpusťte cukr ve 300 ml (10 fl oz.) vody a nenechte ho vařit, směs by se zakalila. Přidejte přecezenou citronovou a pomerančovou šťávu, ztlumte plamen a na mírném ohni vařte 5 minut.

b) Během následujících 15 minut přidejte okvětní lístky růží po lžících a před přidáním dalších důkladně promíchejte. Sundejte z plotny, nechte vychladnout a přeceďte. Nalijte do sterilizované skleněné láhve, uzavřete a označte. Uchovávejte v chladu a spotřebujte do 6 týdnů.

61. Višňový sirup

Dělá 1 pintu

Ingredience

- 400 ml (14 fl oz.) višňové šťávy, čerstvě lisované

- 250 g (9 uncí) cukru

Pokyny

a) Šťávu nalijeme do hrnce, přidáme cukr a mírně zahřejeme. Ve šťávě za stálého míchání rozpustíme cukr a poté 20 minut dusíme na mírném ohni.

b) Sirup a láhev sceďte do sterilizované skleněné láhve s těsně přiléhajícím víčkem. Uchovávejte v chladu a spotřebujte do několika týdnů.

c) Pijte zředěný studenou nebo horkou minerální vodou.

62.   Echinacea a tymiánový sirup

Vyrobí 500 ml (16 fl oz.)

Ingredience

- 20 g ($\frac{3}{4}$oz) čerstvého tymiánu

- 20 g ($\frac{3}{4}$oz) čerstvých listů jitrocele

- 20 g ($\frac{3}{4}$oz) čerstvého kořene echinacey, stonku a zelených listů

- 10 g (1/4 oz) čerstvého kořene zázvoru, nastrouhaného

- 10 g (1/4 oz) čerstvého česneku, oloupaného a rozdrceného

- 10 g (1/4 oz) čerstvého kořene elecampane

- 1 celá čerstvá červená chilli papřička nakrájená nadrobno

- 400 ml (14 fl oz.) kvalitní vodky

- 100 g (31/2oz) manukového medu

Pokyny

a) Všechny bylinkové ingredience po sklizni omyjte a nechte oschnout. Poté je nakrájejte nadrobno.

b) Všechny ingredience kromě medu a vodky dejte do velké skleněné nádoby s víčkem. Nalijte vodku, pevně uzavřete víko a několikrát protřepejte. Nádobu označte ingrediencemi a datem. Umístěte sklenici do tmavé skříně a alespoň jednou denně po dobu 3 týdnů protřepejte.

c) Obsah sklenice přeceďte přes mušelínový sáček do odměrky. Manukový med slijte do misky a jemně vlijte tinkturu za stálého míchání metličkou, dokud se med a tinktura dobře nespojí. Nalijte sirup do 500 ml (16 fl oz.) láhve z jantarového skla s víčkem a na štítku uveďte ingredience a původní datum zahájení.

d) Užívejte 1 čajovou lžičku 2–3krát denně nebo až 6 čajových lžiček denně při začátku nachlazení. Tento sirup by měl vydržet až 9 měsíců.

BYLINKOVÉ TINKTURY

63. Tinktura máty peprné a tymiánu

Vyrobí 500 ml (16 fl oz.)

Pokyny

a) Vložte všechny ingredience kromě vodky do velké nádoby.

b) Zalijte vodkou, zamíchejte a ujistěte se, že všechny
   ingredience jsou dobře ponořené. Sklenici pevně uzavřete a
   umístěte ji do tmavé skříňky. Dejte sklenici několik dobrých
   koktejlů každý den po dobu 3 týdnů.

c) Otevřete sklenici a ingredience sceďte přes mušelínové síto
   do mělké misky. Ingredience v mušelínu vyhoďte a tekutinu
   nalijte do láhve z jantarového skla. Lahvičku tinktury
   označte názvy všech ingrediencí a datem. Vezměte 1 čajovou
   lžičku ve sklenici teplé nebo studené vody a popíjejte před
   jídlem nebo po jídle.

64.   Tinktura z černého bezu a lékořice

Vyrobí 300–350 ml (10–12 fl oz.)

Ingredience

- 25 g (naskenujte 1 oz) bezinek

- 25 g (skenování 1 oz) kořene echinacey

- 10 g (1⁄4 oz) kořen lékořice

- 10 g (1⁄4 oz) čerstvého kořene zázvoru, nastrouhaného

- 10g (1⁄4oz) tyčinky skořice, nalámané na malé kousky

- 20 g (3⁄4 oz) máty peprné

- 400 ml (14 fl oz.) kvalitní vodky

Pokyny

a) Ujistěte se, že všechny sušené ingredience jsou jemně nasekané, ale ne na prášek.

b) Vložte všechny ingredience kromě vodky do velké skleněné nádoby s pevně padnoucím víčkem. Nalijte vodku, pevně uzavřete víko a několikrát protřepejte.

c) Na sklenici označte všechny ingredience a datum. Umístěte sklenici do tmavé skříně a alespoň jednou denně po dobu 3 týdnů protřepejte.

d) Obsah sklenice přeceďte přes mušelínový sáček do odměrky a nalijte tinkturu do přiměřeně velké (350–400 ml/12–14 fl oz.) sterilizované lahvičky z jantarového skla.

e) Uzavřete láhev.

f) Štítek se všemi přísadami a původním datem zahájení. Začněte tím, že budete užívat několik kapek každý den a přidávejte až 1 čajovou lžičku 2–3krát denně. Spotřebujte do 6 měsíců.

65.   Tinktura z květu limetky a plodů hlohu

Vyrobí 300–350 ml (10-12 fl oz.)

Ingredience

- 20g (3/4oz) květů limetky

- 20g (3/4oz) plodů hlohu

- 20g (3/4oz) řebříčku

- 20g (3/4oz) meduňky

- 20g (3/4oz) křečové kůry

- 400 ml (14 fl oz.) kvalitní vodky

Pokyny

a) Ujistěte se, že všechny sušené ingredience jsou jemně nasekané, ale ne na prášek.

b) Vložte všechny ingredience kromě vodky do velké skleněné nádoby s pevně padnoucím víčkem. Nalijte vodku, pevně uzavřete víko a několikrát protřepejte.

c) Na sklenici označte všechny ingredience a datum. Umístěte sklenici do tmavé skříně a alespoň jednou denně po dobu 3 týdnů protřepejte.

d) Obsah sklenice přeceďte přes mušelínový sáček do odměrky a nalijte tinkturu do přiměřeně velké (350–400 ml/12–14 fl oz.) sterilizované lahvičky z jantarového skla. Uzavřete láhev.

e) Štítek se všemi přísadami a původním datem zahájení. Začněte tím, že budete užívat několik kapek každý den a přidávejte až 1 čajovou lžičku 2–3krát denně. Spotřebujte do 6 měsíců.

66.   Tinktura z mučenky a heřmánku

Vyrobí 300–350 ml (10–12 fl oz.)

Ingredience

- 20g (3⁄4oz) mučenky

- 20 g (3⁄4 oz) heřmánku

- 20g (3⁄4oz) kořene kozlíku lékařského

- 30 g (1 oz) višní, čerstvé nebo sušené 400 ml (14 fl oz.) kvalitní vodky

Pokyny

a) Ujistěte se, že všechny sušené ingredience jsou jemně nasekané, ale ne na prášek.

b) Vložte všechny ingredience kromě vodky do velké skleněné nádoby s pevně padnoucím víčkem. Nalijte vodku, pevně uzavřete víko a několikrát protřepejte.

c) Na sklenici označte všechny ingredience a datum. Umístěte sklenici do tmavé skříně a alespoň jednou denně po dobu 3 týdnů protřepejte.

d) Obsah sklenice přeceďte přes mušelínový sáček do odměrky a nalijte tinkturu do přiměřeně velké (350–400 ml/12–14 fl oz.) sterilizované lahvičky z jantarového skla.

e) Uzavřete láhev.

f) Štítek se všemi přísadami a původním datem zahájení. Začněte tím, že si vezmete několik kapek každý den a přidáte si 1 čajovou lžičku pozdě odpoledne a další před spaním. Spotřebujte do 6 měsíců.

67.   Tinktura cudné bobule a dang gui

Vyrobí 300–350 ml (10-12 fl oz.)

Ingredience

- 20 g (3/4 oz) cudné bobule (také nazývané agnus castus)

- 20 g (3/4oz) anděliky čínské (dang gui)

- 20g (3/4oz) mateřídoušky

- 20 g (3/4 oz) kůry z kořene černého hawu (Viburnum prunifolium)

- 20 g (3/4 oz) heřmánku

- 400 ml (14 fl oz.) kvalitní vodky

Pokyny

a) Ujistěte se, že všechny sušené ingredience jsou jemně nasekané, ale ne na prášek.

b) Vložte všechny ingredience kromě vodky do velké skleněné nádoby s pevně padnoucím víčkem. Nalijte vodku, pevně uzavřete víko a několikrát protřepejte.

c) Na sklenici označte všechny ingredience a datum. Umístěte sklenici do tmavé skříně a alespoň jednou denně po dobu 3 týdnů protřepejte.

d) Obsah sklenice přeceďte přes mušelínový sáček do odměrky a nalijte tinkturu do přiměřeně velké (350–400 ml/12-14 fl oz.) sterilizované lahvičky z jantarového skla. Uzavřete láhev.

e) Štítek se všemi přísadami a původním datem zahájení. Začněte tím, že budete užívat několik kapek každý den a přidávejte až 1 čajovou lžičku 2–3krát denně. Spotřebujte do 6 měsíců.

68.   Tinktura z plodů goji a sibiřského ženšenu

Vyrobí 300–350 ml (10-12 fl oz.)

Ingredience

- 25 g (málo 1 oz) bobule goji

- 25 g (skenování 1 oz) sibiřského ženšenu

- 25 g (málo 1 oz) ovesných vršků nebo sušených ovesných vloček

- 20 g (3/4 oz) bobulí schizandry

- 5 g (1/8 oz) kořen lékořice

- 400 ml (14 fl oz.) kvalitní vodky

Pokyny

a) Ujistěte se, že všechny sušené ingredience jsou jemně nasekané, ale ne na prášek.

b) Vložte všechny ingredience kromě vodky do velké skleněné nádoby s pevně padnoucím víčkem. Nalijte vodku, pevně uzavřete víko a několikrát protřepejte.

c) Na sklenici označte všechny ingredience a datum. Umístěte sklenici do tmavé skříně a alespoň jednou denně po dobu 3 týdnů protřepejte.

d) Obsah sklenice přeceďte přes mušelínový sáček do odměrky a nalijte tinkturu do přiměřeně velké (350–400 ml/12–14 fl oz.) sterilizované lahvičky z jantarového skla. Uzavřete láhev.

e) Štítek se všemi přísadami a původním datem zahájení. Začněte tím, že budete užívat několik kapek každý den a přidávejte až 1 čajovou lžičku 2–3krát denně. Spotřebujte do 6 měsíců.

69. Tinktura z červeného jetele a sekáčku

Vyrobí 300–350 ml (10–12 fl oz.)

Ingredience

- 15g (1/2oz) červeného jetele

- 15g (1/2oz) sekáčky

- 20 g (3/4 oz) violy (srdeční onemocnění)

- 20 g (3/4 oz) lístků fialky (Viola odorata)

- 20 g (3/4oz) kořene mahonie (Mahonia aquifolium), jemně nasekané

- 20 g (3/4 oz) gotu kola

- 400 ml (14 fl oz.) kvalitní vodky

Pokyny

a) Ujistěte se, že všechny sušené ingredience jsou jemně nasekané, ale ne na prášek.

b) Vložte všechny ingredience kromě vodky do velké skleněné nádoby s pevně padnoucím víčkem. Nalijte vodku, pevně uzavřete víko a několikrát protřepejte.

c) Na sklenici označte všechny ingredience a datum. Umístěte sklenici do tmavé skříně a alespoň jednou denně po dobu 3 týdnů protřepejte.

d) Obsah sklenice přeceďte přes mušelínový sáček do odměrky a nalijte tinkturu do přiměřeně velké (350–400 ml/12–14 fl oz.) sterilizované lahvičky z jantarového skla. Uzavřete láhev.

e) Štítek se všemi přísadami a původním datem zahájení. Začněte tím, že budete užívat několik kapek každý den a přidávejte až 1 čajovou lžičku 2–3krát denně. Spotřebujte do 6 měsíců.

70. Tinktura zimního strážce z echinacey a černého bezu

Vytváří zásobu na 1 měsíc

Ingredience

- 20 g (3/4 oz) čerstvého kořene zázvoru

- 80 g (23/4oz) kořene echinacey, čerstvého nebo sušeného

- 20 g (3/4 oz) tymiánových listů, čerstvých nebo sušených

- 2 stroužky česneku (volitelně)

- 1 čerstvé chilli se semínky (volitelně)

- 80 g (23/4 oz) bezinek, čerstvých nebo sušených

- 500 ml (16 fl oz.) kvalitní vodky

Pokyny

a) Čerstvý zázvor a kořen echinacey nakrájejte na tenké plátky, vytáhněte lístky čerstvého tymiánu ze stonků a nasekejte česnek a chilli (pokud je používáte).

b) Bezinky jemně vymačkáme. Všechny ingredience dejte do velké nádoby s pevně přiléhajícím víkem. Zalijte vodkou, důkladně promíchejte a ujistěte se, že všechny ingredience jsou zcela ponořené.

c) Vršek pevně uzavřete a sklenici umístěte do tmavé skříňky. Kontrolujte to každý den a sklenicí několikrát zatřeste. Po 3 týdnech sklenici otevřete, ingredience přeceďte přes mušelínový sáček, tekutinu zachyťte do sterilizované lahve z jantarového skla, na štítku uveďte názvy všech ingrediencí a datum.

71.   Tinktura z pampelišky a lopuchu

Vyrobí 300–350 ml (10–12 fl oz.)

Ingredience

- 20 g (3/4 oz) kořene pampelišky

- 20g (3/4oz) kořene lopuchu

- 20 g (3/4 oz) bobulí schizandry

- 10g (1/4oz) listů artyčoku

- 20g (3/4oz) ostropestřec mariánský

- 10g (1/4oz) kořene hořce

- 400 ml (14 fl oz.) kvalitní vodky

Pokyny

a) Ujistěte se, že všechny sušené ingredience jsou jemně nasekané, ale ne na prášek.

b) Vložte všechny ingredience kromě vodky do velké skleněné nádoby s pevně padnoucím víčkem. Nalijte vodku, pevně uzavřete víko a několikrát protřepejte.

c) Na sklenici označte všechny ingredience a datum. Umístěte sklenici do tmavé skříně a alespoň jednou denně po dobu 3 týdnů protřepejte.

d) Obsah sklenice přeceďte přes mušelínový sáček do odměrky a nalijte tinkturu do přiměřeně velké (350–400 ml/12–14 fl oz.) sterilizované lahvičky z jantarového skla.

e) Uzavřete láhev.

f) Štítek se všemi přísadami a původním datem zahájení. Začněte tím, že budete užívat několik kapek každý den a přidávejte až 1 čajovou lžičku 2–3krát denně. Spotřebujte do 6 měsíců.

72.   Křečová kůra a tinktura kozlíku lékařského

Vyrobí 300–350 ml (10-12 fl oz.)

Ingredience

- 25 g (málo 1 oz) křečové kůry

- 25 g (málo 1 oz) kořene kozlíku lékařského

- 20g (3⁄4oz) mučenky

- 20 g (3⁄4 oz) heřmánku

- 400 ml (14 fl oz.) kvalitní vodky

Pokyny

a) Ujistěte se, že všechny sušené ingredience jsou jemně nasekané, ale ne na prášek.

b) Vložte všechny ingredience kromě vodky do velké skleněné nádoby s pevně padnoucím víčkem. Nalijte vodku, pevně uzavřete víko a několikrát protřepejte.

c) Na sklenici označte všechny ingredience a datum. Umístěte sklenici do tmavé skříně a alespoň jednou denně po dobu 3 týdnů protřepejte.

d) Obsah sklenice přeceďte přes mušelínový sáček do odměrky a nalijte tinkturu do přiměřeně velké (350–400 ml/12-14 fl oz.) sterilizované lahvičky z jantarového skla. Uzavřete láhev.

e) Štítek se všemi přísadami a původním datem zahájení. Začněte tím, že budete užívat několik kapek každý den a přidávejte až 1 čajovou lžičku 2–3krát denně. Spotřebujte do 6 měsíců.

73.   Tinktura z černé rasce a šalvěje

Vyrobí 300–350 ml (10–12 fl oz.)

Ingredience

- 20 g (3/4 oz) kořene černé rasce

- 15g (1/2oz) cudné bobule

- 10g (1/4oz) šalvěje

- 20 g (3/4 oz) bobulí schizandry

- 15g (1/2oz) mateřídoušky

- 20g (3/4oz) čepice lebky

- 400 ml (14 fl oz.) kvalitní vodky

Pokyny

a) Ujistěte se, že všechny sušené ingredience jsou jemně nasekané, ale ne na prášek.

b) Vložte všechny ingredience kromě vodky do velké skleněné nádoby s pevně padnoucím víčkem. Nalijte vodku, pevně uzavřete víko a několikrát protřepejte.

c) Na sklenici označte všechny ingredience a datum. Umístěte sklenici do tmavé skříně a alespoň jednou denně po dobu 3 týdnů protřepejte.

d) Obsah sklenice přeceďte přes mušelínový sáček do odměrky a nalijte tinkturu do přiměřeně velké (350–400 ml/12–14 fl oz.) sterilizované lahvičky z jantarového skla. Uzavřete láhev.

e) Štítek se všemi přísadami a původním datem zahájení. Začněte tím, že budete užívat několik kapek každý den a přidávejte až 1 čajovou lžičku 2–3krát denně. Spotřebujte do 6 měsíců.

74.   **Tinktura březového listu a kořene kopřivy**

Vyrobí 300–350 ml (10-12 fl oz.)

Ingredience

- 25 g (málo 1 oz) kořene kopřivy

- 15g (1/2oz) březových listů

- 25 g (málo 1 oz) pellitory-of-the-wall

- 15g (1/2oz) listů černého rybízu

- 20g (3/4oz) topolu bílého nebo kůry topolu (Populus tremuloides)

- 400 ml (14 fl oz.) kvalitní vodky

Pokyny

a) Ujistěte se, že všechny sušené ingredience jsou jemně nasekané, ale ne na prášek.

b) Vložte všechny ingredience kromě vodky do velké skleněné nádoby s pevně padnoucím víčkem. Nalijte vodku, pevně uzavřete víko a několikrát protřepejte.

c) Na sklenici označte všechny ingredience a datum. Umístěte sklenici do tmavé skříně a alespoň jednou denně po dobu 3 týdnů protřepejte.

d) Obsah sklenice přeceďte přes mušelínový sáček do odměrky a nalijte tinkturu do přiměřeně velké (350–400 ml/12–14 fl oz.) sterilizované lahvičky z jantarového skla. Uzavřete láhev.

e) Štítek se všemi přísadami a původním datem zahájení. Začněte tím, že budete užívat několik kapek každý den a přidávejte až 1 čajovou lžičku 2–3krát denně. Spotřebujte do 6 měsíců.

BYLINNÉ POTRAVINY

75. Rozdrcené bylinkové kuře

Výtěžek: 2 porce

Přísada

- 2 šálky Strouhanka

- 1 lžička soli

- 1 lžička čerstvě mletého pepře

- 2 polévkové lžíce Sušená petržel

- 1 lžička sušené majoránky

- 1 lžička sušeného tymiánu

- 1 lžička sušeného oregana

- 1 lžička česnekového prášku

- 1 pomeranč; nakrájený

- 4 Půlky kuřecích prsou vykostěné a zbavené kůže

- 2 vejce; šlehaná NEBO náhražka vajec

- 2 polévkové lžíce Máslo nebo margarín

- 2 polévkové lžíce Rostlinný olej

- 1 šálek Kuřecí vývar nebo bílé víno

- 1 Posypte čerstvou petrželkou

Pokyny:

a) Do kuchyňského robotu dejte strouhanku, sůl, pepř, petržel, majoránku, tymián, oregano a česnekový prášek a důkladně rozemelte. Kuřecí prsa namočíme do rozšlehaného vejce a poté obalíme strouhankou.

b) Na středně vysokém ohni opečte kuřecí prsa z obou stran na másle a oleji. Snižte teplotu, přidejte vývar nebo víno a přikryjte. Dusíme 20 až 30 minut v závislosti na tloušťce prsou.

c) Ozdobte plátky pomeranče a petrželkou.

76.   Kuřecí krém s bylinkami str

Výtěžek: 1 porce

Přísada

- 1 plechovka Krémová kuřecí polévka

- 1 plechovka Kuřecí vývar

- 1 plechovka mléka

- 1 plechovka vody

- 2 šálky Bisquick Baking Mix

- $\frac{3}{4}$ šálku mléka

Pokyny:

a) Vyprázdněte plechovky polévky do velké pánve

b) Vmíchejte plechovky vody a mléka. Smíchejte dohromady do hladka. Zahřívejte na středním plameni až do varu

c) Smíchejte Bisquick a mléko. Těsto by mělo být husté a lepivé . Těsto po lžičkách vhazujte do vařící polévky.

d) Knedlíky vaříme cca. 8 až 10 minut. odkryté

77.   Meruňková dijonská glazovaná krůta

Výtěžek: 6 porcí

Přísada

- 6 kostek kuřecího bujonu

- 1½ šálku nevařené dlouhozrnné bílé rýže

- ½ šálku loupaných mandlí

- ½ šálku nakrájených sušených meruněk

- 4 zelené cibule s natě; nakrájený

- ¼ šálku nasekané čerstvé petrželky

- 1 lžíce pomerančové kůry

- 1 lžička Sušený rozmarýn; rozdrcený

- 1 lžička Sušené lístky tymiánu

- 1 vykostěná polovina krůtích prsou - asi 2 1/2 libry

- 1 šálek Meruňkový džem nebo pomerančová marmeláda

- 2 lžíce dijonské hořčice

Pokyny:

a) Pro bylinkový pilaf přiveďte vodu k varu. Přidejte vývar . Odstraňte z ohně do misky. Přidejte všechny zbývající přísady pilaf kromě krůty; dobře promíchejte. Na rýžovou směs položte krůtu .

b) Přikryjeme a pečeme 45 minut

c) Vyjměte krůtu z trouby; opatrně vyjměte Baker with Oven Mitts.

d) Těsně před podáváním pilaf promíchejte, podávejte s krůtím masem a omáčkou.

78. Kuřecí maso a rýže na bylinkové omáčce

Výtěžek: 4 porce

Přísada

- ¾ šálku horké vody

- ¼ šálku bílého vína

- 1 lžička granulí kuřecího vývaru

- 4 (4 oz.) půlky kuřecích prsou zbavené kůže a vykostěné

- ½ lžičky kukuřičného škrobu

- 1 lžíce vody

- 1 balení sýra typu Neufchatel s bylinkami a kořením

- 2 šálky horké vařené dlouhozrnné rýže

Pokyny:

a) Přiveďte k varu horkou vodu, víno a bujónové granule ve velké pánvi na středně vysokém ohni. Snižte teplotu a přidejte kuře, vařte 15 minut; otočení po 8 minutách. Po dokončení kuře vyjměte, udržujte v teple. Tekutinu na vaření přiveďte k varu, snižte na ⅔ šálku.

b) Smíchejte kukuřičný škrob a vodu a přidejte do tekutiny. Přiveďte k varu a za stálého míchání vařte 1 minutu. Přidejte smetanový sýr a za stálého míchání drátěnou metlou vařte, dokud se dobře nespojí. Dvě porce:

c) Navrch rýže s kuřecím masem, lžíce omáčky na kuře

79. Kuře na smetaně a bylinkách

Výtěžek: 6 porcí

Přísada

- 6 Kuřecí stehna, zbavená kůže a vykostěná

- Univerzální mouka ochucená solí a pepřem

- 3 lžíce másla

- 3 lžíce olivového oleje

- ½ šálku suchého bílého vína

- 1 lžíce citronové šťávy

- ½ šálku smetany ke šlehání

- ½ lžičky sušeného tymiánu

- 2 lžíce nasekané čerstvé petrželky

- 1 citron, nakrájený na plátky (obloha)

- 1 lžíce kapary, opláchnuté a okapané (obloha)

Pokyny:

a) Ve velké pánvi rozehřejte 1½ lžíce másla a oleje. Přidejte kousky kuřete, jak se vejde, aniž by se přecpaly. kuchař

b) Přidejte víno a citronovou šťávu do pánve a vařte na středně vysoké teplotě, míchejte, aby se spojily zhnědlé částice. Vařte, zredukujte asi na polovinu

c) Přidejte smetanu ke šlehání, tymián a petržel; vaříme, dokud omáčka mírně nezhoustne. Případnou šťávu z masa z nahřívacího talíře nalijte do omáčky.

d) Omáčku upravte na koření podle chuti. Přelijeme na maso a ozdobíme petrželkou, plátky citronu a kapary

80.   Kuřecí madeira na sušenkách

Výtěžek: 6 porcí

Přísada

- 1½ libry kuřecí prsa

- 1 lžíce oleje na vaření

- 2 stroužky česneku, mleté

- 4½ šálků na čtvrtky nakrájených čerstvých hub

- ½ šálku nakrájené cibule

- 1 šálek zakysaná smetana

- 2 lžíce univerzální mouky

- 1 šálek odstředěného mléka

- ½ šálku kuřecího vývaru

- 2 lžíce madeiry nebo suchého sherry

Pokyny:

a) Kuře vařte na rozpáleném oleji na středně vysokém ohni 4–5 minut nebo dokud přestane být růžové. Přidejte česnek, houby a cibuli na pánev. Vařte odkryté 4–5 minut nebo dokud se tekutina neodpaří.

b) V misce smícháme zakysanou smetanu, mouku, ½ lžičky soli a ¼ lžičky pepře. Přidejte směs zakysané smetany, mléko a vývar do pánve. Přidejte kuře a Madeiru nebo sherry; prohřát.

c) Podávejte přes bylinkové sušenky.

81.   Kuřecí polévka s bylinkami

Výtěžek: 7 porcí

Přísada

- 1 šálek sušených fazolí cannellini

- 1 lžička Olivový olej

- 2 pórky, oříznuté - umyté

- 2 mrkve - oloupané a nakrájené na kostičky

- 10 mililitrů česneku - jemně nasekaný

- 6 švestkových rajčat

- 6 Nové brambory

- 8 šálků Domácí kuřecí vývar

- $\frac{3}{4}$ šálku suchého bílého vína

- 1 Snítka čerstvého tymiánu

- 1 Snítka čerstvého rozmarýnu

- 1 bobkový list

Pokyny:

a) Fazole propláchneme a vybereme, zalijeme vodou a necháme 8 hodin nebo přes noc máčet. Ve velkém hrnci rozehřejte olej na středně mírném ohni. Přidejte pórek, mrkev a česnek; vaříme do změknutí, asi 5 minut. Vmíchejte rajčata a vařte 5 minut. Přidejte brambory a vařte 5 minut.

b) Přidejte kuřecí vývar, víno a bylinky; přivést k varu. Fazole sceďte a přidejte do hrnce; vaříme 2 hodiny, nebo dokud fazole nezměknou.

c) Před podáváním vyjměte bobkový list a snítky bylinek.

82.   Kuře na víně a bylinkách

Výtěžek: 4 porce

Přísada

- Smažené kuře

- ½ lžičky oregana

- ½ lžičky bazalky

- 1 šálek suchého bílého vína

- ½ lžičky česnekové soli

- ½ lžičky soli

- ¼ lžičky pepře

Pokyny:

a) Kuře omyjeme a nakrájíme. Na malém množství oleje opečeme kuřecí kousky ze všech stran. Přebytečný olej slijte.

b) Přidejte víno a koření a vařte 30 až 40 minut, nebo dokud kuře nezměkne.

83.   Bylinné ravioli

Přísada

- 2 pláty čerstvých těstovin 8,5 x 11".

- $1\frac{1}{4}$ šálků Sýr ricotta; získat zdarma

- $\frac{3}{4}$ šálku Italská strouhanka

- $\frac{1}{4}$ šálku Čerstvá bazalka a $\frac{1}{4}$ šálku Čerstvá petržel; sekaný

- $\frac{1}{8}$ lžičky oregana a $\frac{1}{8}$ muškátového oříšku

- Sůl a černý pepř

- Pošírovaný rajčatový základ

- 2 velké Rajčata; poškrábat

- 2 stroužky česneku; na tenké plátky

- 6 lístků čerstvé bazalky

Pokyny:

a) Ve velké míse smíchejte ricottu, strouhanku, bazalku, petržel, oregano, muškátový oříšek, sůl a černý pepř.

b) Plátky těstovin položte rovně na pracovní plochu a nasypte čtyři stejné porce (asi $\frac{1}{4}$ šálku) směsi ricotty na 4 kvadranty pouze na levé polovině každého plátu těstovin. Přeložte pravou polovinu plátu těstovin přes druhou polovinu. Zatlačte kolem každého sýra, aby se utěsnil.

c) Ve velkém hrnci přiveďte k varu vodu. Ravioli vhoďte do vody a vařte 3-5 minut . Rajčata omyjte, zbavte jádřinců, oloupejte a nahrubo nakrájejte. Dát stranou. Krátce orestujte česnek, přidejte rajčata, bazalku, vodu a sůl

d) Přikryjte a vařte 5 minut . Na 4 servírovací talíře naneste lžící rajčatovou směs a na každý talíř dejte dvě ravioli.

84.   Linguine se směsí bylinek

Výtěžek: 1 porce

Přísada

- 4 střední mrkve
- 3 střední cukety
- 1 libra sušené linguine
- 1 šálek Balené čerstvé ploché listové petrželky
- ½ šálku Balené lístky čerstvé bazalky
- 1 lžíce čerstvých lístků tymiánu
- 1 lžíce čerstvých listů rozmarýnu
- 1 lžíce čerstvých listů estragonu
- ½ šálku čerstvě nastrouhaného parmezánu
- ⅓ šálku olivového oleje
- ¼ šálku vlašských ořechů; opečené dozlatova
- 1 lžíce balzamikového octa

Pokyny:

a) V 6-litrové konvici přiveďte k varu 5 litrů osolené vody. Přidejte linguine a vařte 8 minut, nebo dokud nejsou téměř měkké. Přidejte mrkev a vařte 1 minutu. Přidejte cuketu a vařte 1 minutu. Rezervujte si ⅔ šálku vody na vaření a sceďte těstoviny a zeleninu.

b) Ve velké míse smíchejte pesto a odloženou horkou vodu na vaření. Přidejte těstoviny a zeleninu a dobře promíchejte.

c) V kuchyňském robotu rozmixujte všechny ingredience se solí a pepřem podle chuti do hladka.

85.   Farfalle s bylinkovou omáčkou

Výtěžek: 1 porce

Přísada

- 2 stroužky česneku - nasekaný

- 1 lb farfalle — vařený

- 2 c snítky čerstvé máty

- ¾ extra panenský olivový olej

- ½ c zeleninového vývaru

- 1½ lžičky soli

- ½ lžičky čerstvého pepře

- 1 polévková lžíce citronové šťávy

- ½ c vlašských ořechů, opražených, nasekaných

- ½ c parmazánu

Pokyny:

a) Do mixéru nebo kuchyňského robotu přidejte bylinky a česnek a za chodu stroje zakápněte ½ olivového oleje, zeleninového vývaru a poté zbytek oleje. Osolíme, opepříme a přidáme citron, promícháme a dochutíme a dochutíme.

b) Ještě teplé promícháme s uvařenými těstovinami, vmícháme ořechy a sýr. Ozdobte snítkami čerstvých bylinek.

86.   Vaječné nudle s česnekem

Výtěžek: 4 porce

Přísada

- $\frac{1}{2}$ kila vaječných nudlí

- 4 velké stroužky česneku

- $1\frac{1}{2}$ šálku směs bylinek

- 2 lžíce extra panenského olivového oleje

- Sůl a pepř

Pokyny:

a) Těstoviny vařte ve velkém hrnci s vroucí osolenou vodou do měkka, ale stále tuhé, 7–9 minut . Dobře sceďte.

b) Mezitím nasekejte česnek, nasekejte bylinky; budete mít asi 1 šálek.

c) Smíchejte olivový olej a česnek ve velké pánvi. Vařte na středním plameni za občasného míchání, dokud česnek nebude voňavý, ale nezhnědne, 2–3 minuty . Sundejte z plotny a vmíchejte nasekané bylinky.

d) Uvařené nudle přidejte na pánev a promíchejte. Dochuťte solí a pepřem podle chuti a dobře promíchejte

87. Cappellini s bylinkovým špenátem

Výtěžek: 6 porcí

Přísada

- 8 uncí těstovin na vlasy Angel (cappelini)

- 10 uncí mraženého špenátu

- 1 libra čerstvého špenátu

- 1 lžíce panenských oliv

- 1 cibule; sekaný

- 2 lžíce čerstvé petrželky

- ½ lžičky sušených listů bazalky

- ½ lžičky sušených listů oregana

- ½ lžičky mletého muškátového oříšku

- Sůl a pepř na dochucení

- 2 lžíce strouhaného parmazánu;

Pokyny:

a) Přiveďte k varu velkou konvici s vodou a vařte těstoviny al dente, 3 minuty. Sceďte v cedníku; dát stranou. Mezitím dejte mražený špenát do parního hrnce nad vroucí vodou, dokud mírně nezvadne.

b) V nepřilnavé pánvi rozehřejte olej a orestujte cibuli , dokud nezměkne. Špenát, cibuli, petržel, bazalku, oregano, muškátový oříšek, sůl a pepř vložte do mixéru kuchyňského robota s kovovou čepelí a zpracujte na pyré . Těstoviny dejte do servírovací mísy, prolijte omáčkou a posypte parmazánem

88.   Malajská bylinná rýže

Přísada

- 400 gramů Čerstvý losos

- 2 polévkové lžíce sójová omáčka a 2 polévkové lžíce Mirin

- 6 šálků Vařená jasmínová rýže

- Listy kafírové limetky

- ½ šálku Opékané; strouhaný kokos

- Kurkuma/ galangal; oloupané

- 3 polévkové lžíce Rybí omáčka

Obvaz

- 2 malé červené chilli papričky; semena a mletá

- ½ šálku Thajská bazalka

- ½ šálku Vietnamská máta

- 1 zralé avokádo; oloupané

- 1 červená chilli papička; mletý

- 2 stroužky česneku; mletý

- ⅓ šálku Limetkový džus

Pokyny:

a) Smíchejte sóju a mirin a nalijte na ryby a nechte 30 minut marinovat. Rozpalte grilovací pánev nebo gril a rybu opečte dozlatova .

b) kurkumy , galangalu, chilli a kafírové limetky Julienne a smíchejte s uvařenou rýží. Přidejte opečený kokos, bazalku a mátu a promíchejte s rybí omáčkou. Dát stranou.

c) Všechny ingredience na zálivku rozmixujte na pyré a poté zálivku prokládejte rýží, dokud rýže nezíská světle zelenou barvu. Uvařenou rybu oloupeme a přidáme k rýži .

89.   Andělské vlasy s uzeným lososem

Výtěžek: 4 porce

Přísada

- 8 uncí pasty na vlasy Angel; nevařené

- 6 uncí uzeného lososa; na tenké plátky

- 3 lžíce olivového oleje

- 1 velký česnek; jemně nasekané

- $2\frac{1}{4}$ šálků Sekaný; semena rajčat

- $\frac{1}{2}$ šálku Suché bílé víno

- 3 lžíce Scezené velké kapary

- $1\frac{1}{2}$ čajové lžičky koprového plevele Spice Islands

- $1\frac{1}{2}$ lžičky sladké bazalky Spice Islands

- $\frac{1}{2}$ šálku parmazánu; čerstvě nastrouhaný

- 2 hrnky rajčat, víno

Pokyny:

a) Připravte těstoviny podle návodu na obalu.

b) Mezitím nakrájejte lososa podél zrna na $\frac{1}{2}$ palce široké proužky; dát stranou.

c) Ve velké pánvi rozehřejte olej na středně vysokou teplotu, dokud nebude horký; vaříme a mícháme česnek dozlatova.

d) Míchejte kapary, kopr a bazalku; za občasného míchání vaříme, dokud není směs horká.

e) Ve velké misce smíchejte těstoviny a rajčatovou směs; hodit kombinovat.

f) Přidejte lososa a sýr; lehce nadhodit. Podle potřeby ozdobte zbývajícími rajčaty a petrželkou.

90.   Treska s bylinkami

Výtěžek: 4 porce

Přísada

- 3 šálky vody

- ½ šálku nakrájeného celeru

- 1 balení Instantní kuřecí vývar

- ½ citronu

- 2 lžíce dehydrovaných cibulových vloček

- 1 lžička Čerstvá petržel, nasekaná

- ½ každého bobkového listu

- ⅛ čajové lžičky mletého hřebíčku

- ⅛ lžičky tymiánu

- 4 každý vykostěné a stažené steaky z tresky

- 2 média Rajčata, nakrájená na polovinu

- 2 média Zelená paprika, semena a nakrájená na polovinu

Pokyny:

a) V 12palcové pánvi smíchejte vodu, celer, vývar, citron, cibulové vločky, petržel, bobkový list, hřebíček a tymián. Přiveďte k varu a poté snižte teplotu na mírný var. Přidejte rybu a povařte 5 až 7 minut. Přidejte půlky rajčat a zelené papriky a dokončete vaření, dokud se rybí vločky snadno nedělají. Ryby a zeleninu vyjmeme, uchováme v teple.

b) Tekutinu vařte, dokud se nezredukuje na polovinu. Odstraňte citrón a bobkový list. Vložte tekutinu a polovinu vařených rajčat a paprik do nádoby mixéru. Pyré do hladka

c) Nalijte na ryby a zbývající rajčata a papriky.

91.   Studený pošírovaný losos

Výtěžek: 1 porce

Přísada

- 6 Bez kůže; (6 uncí) filety z lososa

- Sůl a bílý pepř

- 3 šálky Rybí vývar nebo šťáva ze škeblí

- 1 svazek oregana

- 1 svazek bazalky

- 1 svazek petrželky

- 1 svazek tymiánu

- 6 rajčat; oloupané, semínkové a nakrájené na kostičky

- ½ šálku extra panenského olivového oleje

- 1½ lžičky soli

- ½ lžičky čerstvě mletého černého pepře

Pokyny:

a) Lososa po celém těle osolte a opepřete

b) vhodné do trouby přiveďte vývar nebo šťávu k varu . Přidejte ryby, aby se sotva dotýkaly, a přiveďte tekutinu zpět k varu. Přendejte do trouby a pečte 5 minut a přitom rybu obracejte

c) Pro přípravu dresinku odstraňte stonky a všechny bylinky nasekejte nadrobno. Všechny ingredience smíchejte v malé misce a uložte do lednice.

92.   Filety z koprových bylinek

Výtěžek: 4 porce

Přísada

- 2 kilový filet z červeného chňapalu

- $\frac{3}{4}$ lžičky soli

- $\frac{1}{2}$ lžičky mletého pepře

- $\frac{1}{2}$ šálku olivového oleje

- $1\frac{1}{2}$ lžičky mleté petrželky

- 1 lžíce mleté šalotky, koření

- 1 x lovec lyofilizovaný nebo čerstvý

- 1 špetka oregana

- $\frac{1}{4}$ šálku čerstvě vymačkané citronové šťávy

Pokyny:

a) Uspořádejte ryby v jedné vrstvě, olejem vymazané, mělké zapékací míse. Posypeme olejem, petrželkou, šalotkou, koprem a oreganem. Pečte v předehřáté troubě na 350 stupňů F, dokud se maso při testování vidličkou sotva oddělí - 15 až 20 minut. Během pečení dvakrát potírejte šťávou z pánve. Vyjměte rybu do servírovací misky.

b) Vmíchejte citronovou šťávu do kapek z pánve a poté nalijte na rybu.

93.   Křupavé pečené ryby a bylinky

Výtěžek: 4 porce

Přísada

- 4 filety z bílé ryby

- 1 lžíce vody

- $\frac{1}{8}$ lžičky citronového pepře

- 1 lžička Nízkotučného margarínu, rozpuštěného

- 1 vaječný bílek

- $\frac{1}{2}$ šálku strouhanky z kukuřičných lupínků

- 2 lžičky nasekané čerstvé petrželky

Pokyny:

a) Předehřejte nad 400F. Středně velký mělký pekáč lehce postříkejte zeleninovým sprejem. Rybu opláchněte a osušte.

b) V malé misce ušlehejte bílek s trochou vody. Rybu namočte do bílku a poté obalte ve strouhance. Uspořádejte ryby do pekáče. Posypeme citronovým pepřem a petrželkou, poté vše pokapeme margarínem.

c) odkryté po dobu 20 minut , nebo dokud se ryby snadno neloupou

94. Fettuccine s krevetami

Výtěžek: 2 porce

Přísada

- 1 balení Lipton krémová bylinková polévková směs

- 8 uncí krevety

- 6 uncí Fettuccini, vařené

- $1\frac{3}{4}$ šálku mléka

- $\frac{1}{2}$ šálku hrášku

- $\frac{1}{4}$ šálku parmazánu, strouhaného

Pokyny:

a) Smíchejte polévkovou směs s mlékem a přiveďte k varu. Přidejte krevety a hrášek a vařte 3 minuty, dokud krevety nezměknou.

b) Promícháme s horkými nudlemi a sýrem.

95.   Mušle s česnekem

Výtěžek: 1 porce

Přísada

- 1 kilogram Čerstvé živé mušle

- 2 šalotky nebo 1 malá cibule

- 200 mililitrů suchého bílého vína

- 1 bobkový list

- 1 snítka petrželky

- 125 gramů másla

- 1 lžíce nasekané petrželky; až 2

- 2 stroužky česneku; rozdrcený

- Čerstvě mletý černý pepř

- 2 lžíce čerstvé bílé strouhanky na závěr

- 250 gramů Mořská sůl pro prezentaci

Pokyny:

a) Nakrájejte cibuli a vložte ji do dobře velké pánve s vínem, bobkovým listem, tymiánem a petrželkou a přiveďte je k varu. Přidejte mušle a zkontrolujte, zda jsou zavřené, a všechny otevřené vyhoďte.

b) Pánev zakryjte a vařte 5 nebo 6 minut nebo dokud se mušle neotevřou.

c) Rozšleháme máslo a důkladně vmícháme petrželku a česnek s trochou černého pepře. Na každou slávku položíme 1/2 lžičky, lehce posypeme strouhankou a dáme na 2-3 minuty pod rozpálený gril.

Mušle podávejte horké na lůžku s mořskou solí.

96.   Ryba z Karibiku s vínem

Výtěžek: 1 porce

Přísada

- 1 šálek rýže nebo kuskusu - vařené

- 4 listy pergamenového papíru, fólie

- 2 malé cukety

- 1 Chile poblano

- Pasillo - v tenkých proužcích

- 1 libra Pevná bílá ryba bez kostí

- 4 média Rajčata

- 10 černých oliv

- 1 lžička Každá nasekaná čerstvá bazalka

- Tymián - estragon

- Petržel a zelená cibulka

- 1 vejce

Pokyny:

a) Umístěte na plech a pečte 12 minut nebo dokud nebude ryba hotová! Doprostřed dejte ½ šálku uvařené rýže .

b) Ke každé porci přidejte ½ šálku cuketových proužků, kousek ryby, ¼ šálku nakrájených rajčat a 3 tenké proužky Chile .

c) Na každou porci posypeme čtvrtinou nakrájených oliv a navrch posypeme $\frac{1}{4}$ každé z čerstvých bylinek.

d) Smíchejte všechnu omáčku Ingredience a pyré . Nalijte do malého hrnce a na středním plameni přiveďte k varu. Kmen

97.   Mořský ďas s česnekovou bylinkou

Výtěžek: 4 porce

Přísada

- 700 gramů Filetované ocasy mořského ďasa

- 85 gramů Máslo

- 2 stroužky česneku - drcený

- vejce (rozšlehané)

- Šťáva z jednoho citronu

- 1 lžička Jemně nasekané bylinky

- Kořeněná mouka

Pokyny:

a) Změjte máslo a přidejte bylinky a česnek. Chlad. -- Do každého filetu z ďasa udělejte zářez a zabalte jej vychlazeným bylinkovým máslem. Přeložte, aby se vložilo máslo. Každý kousek vhoďte do ochucené mouky, namočte do rozšlehaného vejce a obalte ve strouhance. Drobku pevně přitlačte na rybu.

b) Rybu dejte do máslem vymazané misky. Navrch kápněte trochu rozpuštěného másla nebo oleje a citronovou šťávu. Vařte 30-35 minut při 375F/190C.

c) Podávejte najednou.

98.   Požádejte o vepřové kotlety

Výtěžek: 4 porce

Přísada

- 1 vejce

- ⅓ šálku suché strouhanky

- ¼ šálku čerstvé bazalky, nasekané

- 2 lžíce čerstvého oregana, nakrájeného

- 1 lžíce parmazánu, čerstvě nastrouhaného

- 1 lžička čerstvého tymiánu, nasekaného

- ½ lžičky pepře

- ¼ lžičky soli

- 1 libra Rychle smažené vepřové kotlety

- 2 lžíce rostlinného oleje

Pokyny:

a) V mělké misce lehce rozšleháme vejce. V samostatné mělké misce smíchejte strouhanku, bazalku, oregano, parmezán, tymián, pepř a sůl. Namáčejte vepřové maso do vejce, aby se dobře obalilo; vtlačte do směsi strouhanky a otáčejte, aby se po celé ploše obalila.

b) Ve velké pánvi rozehřejte polovinu oleje. Při střední teplotě; vařte vepřové maso po dávkách a v případě potřeby přidejte zbývající olej, jednou otočte, 8-10 minut nebo dokud uvnitř nezůstane jen růžový nádech. Podáváme s novými červenými bramborami a žlutými fazolemi.

99.   Klášterní bylinková klobása

Výtěžek: 1 porce

Přísada

- 400 gramů libového vepřového masa

- 400 gramů libového hovězího masa

- 200 gramů zeleného vepřového hřbetního tuku nebo tuku

- Vepřový bůček bez kůže

- 20 gramů soli

- 2 lžičky jemně mletého bílého pepře

- 1 lžička Tymiánu

- 1 lžička majoránky

- 5 kousků papriky

- 1 kus jemně mletý

- Skořice

Pokyny:

a) Vepřové maso, hovězí maso a tuk nasekejte na 8mm kotouči. Smíchejte bylinky a koření a posypte masovou hmotu a vše ručně promíchejte po dobu 5-10 minut.

b) Nasaďte nálevku na mixér a naplňte vepřová střeva. Otočte do zvolené délky.

100.   Jehněčí filet s bylinkami

Výtěžek: 4 porce

Přísada

- 450 gramů Filet z jehněčího krku

- 1 lžička Sušený tymián

- 1 lžička Sušený rozmarýn

- 2 stroužky česneku, nakrájené na tenké plátky

- 2 lžíce olivového oleje

- Sůl a čerstvě mletý černý pepř

Pokyny:

a) Každý kus jehněčího masa rozřízněte příčně napůl, pak podélně, ne úplně celý, a otevřete jako knihu. Pro bezpečné vaření na grilu by každý kus neměl být tlustší než 2 cm/$\frac{3}{4}$ palce. Pokud je tlustší, lehce prošlehejte válečkem mezi 2 kusy potravinářské fólie

b) Všechny zbývající ingredience smíchejte v míse a přidejte jehněčí maso. Dobře promíchejte, poté přikryjte a za občasného obracení nechte v lednici až 48 hodin.

c) Maso položte na grilovací mřížku a opékejte 4–5 minut z každé strany.

d) Ujistěte se, že je důkladně uvařený. Během vaření lehce potíráme marinádou.

ZÁVĚR

Kuchaři i domácí kuchaři používají čerstvé i sušené bylinky k přípravě sladkých i slaných jídel, od bohatých omáček až po lehké saláty a pečivo s bylinkami. Kromě jejich kulinářského využití se na léčivé byliny a jejich cenné esenciální oleje již od středověku spoléhaly jejich zdravotní přínosy, od protizánětlivých a antivirových přínosů až po topické účinky na čištění pokožky.

Staňte se lepším domácím bylinkovým kuchařem s pokrmy zdůrazněnými v této knize.

9 781835 835845